L'ÉGLISE D'AUCHI

PAR

JULES LION,

Conducteur des Ponts-et-Chaussées,

Ancien élève de l'École impériale des Arts-et-Métiers de Chalons.

SAINT-OMER,

IMPRIMERIE DE L. VAN ELSLANDT, RUE DE DUNKERQUE, 13.

1858.

DÉDIÉ A LA MÉMOIRE

De mon Père,

Augustin = Xavier Lion,

DÉCÉDÉ LE 8 JANVIER 1858.

AVERTISSEMENT.

Avant de commencer ce court exposé, nous devons une explication au lecteur, explication capitale.

Nous devons d'abord lui dire, que nous regardons le classement fait de l'architecture monastique, l'architecture classique en un mot, comme une œuvre admirable.

Nous devons ajouter que nous nous inclinons devant l'homme qui possède cette science à fond, et, chose essentielle et rare, qui sait l'appliquer. Mais ce que nous devons dire aussi, c'est comment nous entendons le mot *classique* tel que nous l'avons employé dans nos *quelques mots sur l'architecture*.

Nous avons voulu désigner *le classique, quand même;* c'est-à-dire, celui qui ne se rendant pas à l'évidence, marche sur les titres et rapporte tout, *quand même,* au classement fait.

Ce classement est une œuvre admirable, avons-nous dit, mais peut-il être généralisé? Peut-il être appliqué à des monuments autres que ceux qui étaient découverts à l'époque du classement? En un mot, peut-on à la seule inspection d'un monument, en fixer l'époque de la construction; c'est ce que nous allons examiner, avant de parler de l'église d'Auchi.

QUELQUES MOTS SUR L'ARCHITECTURE.

De nos jours et depuis quelque temps déjà on s'occupe
fortement de recherches sur l'architecture monastique de
nos ancêtres ; chaque découverte est un trésor pour l'ar-
chéologue, trésor qui doit! être plus précieux si l'édifice
découvert possède des titres de fondation ou quelque pièce
contemporaine qui prouve son antiquité, car alors seule-
ment, selon nous, on peut classer ce monument dans tel
ou tel siècle sans craindre d'errer.

Nous ne ferons pas ici un cours d'architecture. Les per-
sonnes auxquelles nous nous adressons nous en exemptent,
mais nous dirons qu'il en existe une masse, de ces cours, (1)
qui, tombant tous dans la même ornière, vous disent fort
gravement, vous affirment même que de telle époque à telle
autre, tel style était employé exclusivement, de telle autre
à telle autre, tel autre style. Erreur profonde dans laquelle
il faut bien prendre garde de tomber.

Avons-nous découvert assez de siècles passés ou plutôt
possédons-nous assez de documents pour pouvoir généraliser ? Et d'abord, pouvons-nous généraliser ? A-t-on jamais
entendu parler d'un souverain qui ait forcé les architectes
d'une contrée de telle époque à telle autre, d'employer tel
style ? Ne voyons-nous pas au contraire l'architecture en-
couragée dans tous les siècles :

« Aux XIe et XIIe siècles dit Albert Lenoir, toute la chré-
» tienneté se couvrit d'édifices admirables dûs à l'art et à
» l'industrie des moines, qui, préparés par les études et

____

(1) Nous entendons ici par *cours*, des ouvrages de classiques.

» l'expérience que leur léguaient les siècles précédents,
» durent trouver un nouveau stimulant, pendant ce moment
» de régénération générale, dans l'élan que les rois leur
» donnèrent pour relever les immenses ruines du IXe siècle. »

Dès les premiers temps, saint Benoit avait au reste établi dans sa règle que l'architecture, la peinture, la mosaïque, la sculpture et toutes les branches de l'art seraient étudiées dans les monastères.

De cet encouragement, de cette stimulation donnés à l'architecture, doit-on conclure que tous les architectes d'une même époque aient eu les mêmes idées? Qu'ils aient eu tous le même dégré de capacité? Qu'ils aient tous, sans exception, copié l'un sur l'autre ? Non. Et puis ceux qui fesaient bâtir avaient-ils tous les mêmes ressources, les mêmes idées? Le progrès se fesait-il sentir partout au même instant, à la même heure, en ce temps où les communications de toutes espèces n'étaient pas très-faciles dans nos contrées ?

A l'absurde ! A l'absurde ! allez-vous crier Messieurs les classiques. Nous le savons, nous touchons à un point délicat, mais nous vous laissons juges ; car vous ne nous ferez pas croire, que quand vous posant devant un monument, vous décidez qu'il appartient, à cause de son architecture, *à tel tiers ou tel quart de tel siècle,* il ne vous reste pas une arrière-pensée, un doute, le vague....

A l'absurde ! A l'absurde ! crions-nous, nous-mêmes. Quels sont les titres, Messieurs, qui nous prouvent que vos décisions soient justes? Est-ce parce qu'il vous reste d'une époque, deux monuments sur des centaines qui ont été construits, que tous ceux qui sont détruits de cette même époque doivent avoir été dans le même style? Est-ce parce qu'il vous reste un, deux ou trois monuments peut-être même quelque chapiteau, quelque fenêtre, quelque ruine de telle partie de tel siècle, pour que vous puissiez fixer une époque précise à tel style et même diviser un siècle en plusieurs parties, et dire tel monument, tel chapiteau, telle fenêtre appartient au premier, au second ou au troisième tiers de tel siècle. Est-ce qu'un, deux, trois monuments peuvent faire loi pour une époque.

A l'aide des documents que vous possédiez, vous avez fait un classement; rien de plus beau, de plus louable, quand un de ces documents s'est trouvé en désaccord avec votre ordre établi, vous l'avez baptisé de transitoire (style de transition), tout cela est fort bien, mais il ne fallait pas généraliser.

Fesons deux hypothèses :

1° On fait bâtir au XVe siècle une église dans le prétendu style du troisième tiers du XIIIe siècle; quatre cents ans après, aucune trace ne reste de la fondation de cette église, l'endroit où ce monument est élevé est une ville dont l'origine se perd dans la nuit des temps, que concluerons-nous!

2° Une église possède ses titres de fondation, nous la découvrons aujourd'hui, aujourd'hui qu'il est décidé que de de tel siècle à tel autre, tel style était employé, rien ne vient nous dire que l'église ait été réédifiée et cependant, elle n'est pas dans le prétendu style de l'époque; que concluerons-nous, si par exemple, cette église est dans le prétendu style d'un siècle postérieur?

Dans le premier cas, aucun doute pour le classique, c'est un monument du troisième tiers du XIIIe siècle.

Dans le second cas : l'église a été réédifiée, c'est incontestable. Et ce monument vénérable sera méconnu parce que à l'époque du classement il n'était pas découvert. Ses titres de fondation seront ceux d'une église bâtie antérieurement au même endroit.

Mais ne pourrait-on pas en dire autant des quelques monuments qui ont servi à former votre école ?

On doit s'incliner devant les titres; sans titres, le vague, telle est la conclusion de cet article.

Nous savons bien que nous bouleversons un ordre de choses établi et nous savons très-bien que nous sommes condamné à l'avance par tous les classiques, physiquement parlant, mais nous dirons que pour faire un tout il faut avoir toutes les parties qui doivent le composer.

L'ÉGLISE D'AUCHI-LEZ-HESDIN. (1)

Dans un coin de la Morinie, quelques instants avant que le bleu ruban du Ternois se perde dans l'antique Quantia, au XIe siècle, au moment où toute la chrétienneté, dit Albert Lenoir, se couvre d'édifices admirables dûs à l'art et à l'industrie des moines, un pieux comte de la cité d'Hélène, élève un monastère, « sur une des immenses ruines du IXe siècle. » L'abbaye d'Auchi-de-lès-Hesding, détruite par les Normands, va renaître sur ses cendres : *Engelram le vocult.*

Église d'Auchi, précieux reste de l'œuvre d'Enguerram, avec quel recueillement nous avons parcouru tes trois nefs, monté au sommet de tes tourelles, cherchant, furetant, ayant à peine la hardiesse de toucher ce que nous admirions, redoutant le châtiment infligé à *Oza.*

. . . .

Vers le VIIe siècle, Auchi appartenait au pirate Adroald qui, converti au christianisme, en fit dont à Saint-Bertin.

Le vertueux abbé de Sithïu avait entrepris d'ériger un oratoire sur la terre d'Auchi, quand Adasquaire, Adalfgaire ou Adasquare, troisième comte de Hêdin, et Ognie, son épouse firent bâtir au lieu et place de l'oratoire, un monastère dont Sicchède, leur fille, devint la supérieure.

(1) Le nom d'Auchi-les-Hesdin est ancien, on voit dans le cartulaire d'Auchi, fo 16, qu'en 1269, Gilles de Wandome fit à Paris une donation de deux journaux de terre à l'abbé d'Auchy-de-les-Hesding ; le nom d'Auchi-les-Moines est plus ancien. Quoiqu'il en soit, le village depuis quelque temps a repris le nom d'Auchi-les-Hesdin, (village du Pas-de-Calais.)

Voici ce que nous lisons dans le recueil des cures prébendes et collateurs du diocèse de Boulogne : (1)

« L'abbaye d'Auchy, Sti-Silvini , ordre de Saint-Benoit ,
» fut fondée en 680 à l'honneur de la sainte Vierge et de
» saint Pierre, par Adasquaire, du sang de nos premiers
» rois, qui le fit construire sur son propre fond près la
» rivière de la Ternoise. Hisdeluiède ou Siccède sa fille, y
» prit l'habit avec plusieurs saintes filles, et porta sa piété
» vers le tombeau de saint Silvain, évêque de Toulouse,
» mort en ce lieu en 715, après l'avoir honoré de ses travaux
» apostoliques au diocèse de Thérouanne. L'abbaye ruinée
» par les Normands en 880, demeura déserte jusqu'en 1072,
» qu'Enguerram, comte d'Hesdin, la répara et y mit des Béné
» dictins, dont Fulbert, de St-Bertin, fut le premier abbé. »

Enguerram fut inhumé dans le chœur de l'église abbatiale d'Auchi ; Hennebert, dans son histoire d'Artois, t. 1er p. 273 , donne le plan de la pierre qui recouvre les restes de ce comte. On y voit Enguerram, le casque en tête et le bouclier à la main : une inscription fait connaître la date de la construction de l'abbaye, *anno MLXXII.*

La charte de fondation de l'abbaye d'Auchi, charte d'Hubert, évêque de Thérouanne, de l'an 1079 , vient à l'appui de ce que nous avons dit. (Cette charte est reproduite dans Hennebert.)

Il est donc bien avéré qu'en 1072 une église abbatiale fut érigée à Auchi ; les titres existent.

L'église fut-elle réédifiée? Aucun document porté à notre connaissance ne vient nous l'apprendre ; mais nous savons qu'à différentes époques le feu faillit dévaster l'œuvre d'Enguerram.

(1) Manuscrit que je possède.

« En 1537, les franchois..... ont découvert l'église et l'ab-
» baye de Haussi-les-Moynes, qu'estoit couverte de ploncq,
» et y ont cuidiez boutter le feu, mais ne l'ont sceut brusler
» à cause qu'elle estoit vouttée. Néantmoins ont bruslé les
» cloistres et leur molin et ont tout pillé et emporté leurs
» baghues et bestail emmené. Et aussi ont enchassez les
» moines eu a eult deux tuez et les autres villainement bat-
» tus et sont tous dispers ça et là. » (Manuscrit n° 52 de la
bibliothèque de Lille. —Vieil-Hesdin.) (1)

En 1834, un nouvel incendie faillit détruire l'église d'Auchi ; le toit, partie en ardoises et partie en plomb fut encore
brûlé. Il est probable que ce fut vers cette époque que le
fronton disgrâcieux qui surmonte le portail fut construit (2).

Si le toit de l'ancienne église a disparu, il en a été de
même des trois voûtes des nefs qui furent probablement
ébranlées à la suite du premier incendie. Ces voûtes durent
être reconstruites dans les XVIe, XVIIe et XVIIIe siècles,
mais plus bas qu'elles avaient été placées primitivement.
Dans le grenier on voit très-bien la trace des anciennes
voûtes ainsi que celle des fûts des colonnes qui les sup-
portaient (3).

(I) Firmin Couplet, 26e abbé d'Auchi, aurait-il été tué ou serait-
il mort des suites des blessures reçues à cette affaire? Il y eut un
nouvel abbé : Annessart, en 1430.

(2) Mon père se fit remarquer à cet incendie et deux ans après,
à la suite de l'incendie des moulins d'Hesdin (1er octobre 1836) il
reçut une médaille d'honneur de 1re classe; François Vosselle,
mon oncle, obtint la même distinction.

(3) Chose digne de remarque, les traces des voûtes qu'on trouve
sur le dedans du mur de façade sont des ogives, dont on pourrait,
classiquement parlant, fixer la construction au XIIIe siècle, quand
l'ogive du portail est, toujours *classiquement parlant,* d'une époque
bien postérieure.

Le pavé du chœur fut aussi relevé.

Le portail, très-bas, est terminé par une ogive en tiers-point, pleine ; trois colonnettes supportent de chaque côté les trois nervures de l'ogive. Au-dessus du portail se trouve une fenêtre étroite terminée par une ogive de la plus grande simplicité. De chaque côté et à peu près dans l'alignement des rangées de colonnes qui séparent la nef principale des nefs latérales, s'élèvent deux tourelles élégantes à bases octogonales et couronnées de toits bysantins. Le reste de la façade présente peu d'intérêt ; l'église reçoit une lumière blafarde par de petites fenêtres à l'aspect lourd, terminées en ogive.

Nous ne dirons rien des chapitaux qui sont d'une extrême simplicité.

Les orgues et les stalles en chêne de l'ancienne abbaye, chef-d'œuvre de sculpture, existent encore, on y voit abî-més, deux écussons surmontés de couronnes de comtes ; l'un de ces écussons porte les rayons d'or garnis de pom-mettes des comtes de Hèdin. (Ces rayons garnis de pom-mettes se trouvent disposés de la même manière sur le bouclier d'Enguerram).

Nous avons vu aussi, avec plaisir, dans le fond du chœur, une descente de croix attribuée à Rubens.

En parcourant le grenier nous avons trouvé le buste en craie d'un moine de l'Ordre de St-Benoit.

L'église d'Auchi, construite en pierres blanches, a la forme d'un rectangle, le chœur se termine en hémicycle. C'est aujourd'hui l'église paroissiale, dédiée à St-Georges.

Différents auteurs ont commis une faute en prenant sou-vent Auchi-lès-Moines pour Auxi-le-Château et réciproque-ment. Si l'on n'y prend garde cette faute est facile à com-mettre, les auteurs anciens ayant écrit souvent pour Auchi-les-Moines : Auxi, Haussi ou Aussi tout court et pour Auxi-le-Château : Auchi, Auxi, Haussi et Aussi.

Ainsi, en 1437, plusieurs auteurs anciens, parlant des ravages des Français dans l'Artois, ont écrit Auchi pour Auxi-le-Château ; mais ce passage extrait de l'histoire du *bailliage de Hesdin pendant une partie du XVe siècle, par un Hesdinois résidant à Meaux en Brie,* ne laisse aucun doute :

« Au mois d'octobre de la même année (1437), le duc de
» Bourgogne partit d'Hesdin à la tête de 1,000 hommes
» pour aller assiéger le Crotoy. Pendant ce temps-là, les
» François ravagent le bailliage d'Hesdin, brûlent les villa-
» ges d'Aubin, de Régauville et de Labroie et se retirent à
» Auschi-le-Chasteau. »

Nous citons particulièrement ce passage parce que quelques auteurs modernes comprennent Auchi dans le nombre des villages brûlés ; c'est bien Auchi, mais Auschi-le-Chasteau.

Nous avons donné quelques détails en dehors de notre sujet, puisque nous n'eussions dû parler que du style de l'église d'Auchi. Le lecteur nous pardonnera cet écart; nous avons cru l'intéresser.

Nous terminons en renvoyant, en l'absence des titres qui nous prouvent que l'église ait été réédifiée, à la seconde hypothèse page 9 de cette brochure.